DISCOURS

Prononcé le 5 Mai 1889

A L'ASSEMBLÉE PROVINCIALE

de Lyonnais, Forez et Beaujolais

PAR

M. CHARLES JACQUIER

AVOCAT A LA COUR D'APPEL

PROFESSEUR AUX FACULTÉS CATHOLIQUES DE LYON

LYON

PITRAT AINÉ IMPRIMEUR

4, RUE GENTIL, 4

—

M DCCC XC

DISCOURS

Prononcé le 5 Mai 1889

A

L'ASSEMBLÉE PROVINCIALE

de Lyonnais, Forez et Beaujolais

DISCOURS

Prononcé le 5 Mai 1889

A L'ASSEMBLÉE PROVINCIALE

de Lyonnais, Forez et Béaujolais

PAR

M. CHARLES JACQUIER

AVOCAT A LA COUR D'APPEL

PROFESSEUR AUX FACULTÉS CATHOLIQUES DE LYON

LYON

PITRAT AINÉ IMPRIMEUR

4, RUE GENTIL, 4

—

M DCCC XC

DISCOURS

Prononcé le 5 Mai 1889

A

L'ASSEMBLÉE PROVINCIALE

de Lyonnais, Forez et Beaujolais

PAR

M. CHARLES JACQUIER

AVOCAT A LA COUR D'APPEL
PROFESSEUR AUX FACULTÉS CATHOLIQUES DE LYON

MESDAMES, MESSIEURS,

Souvent déjà, depuis dix ans, nous nous sommes assemblés dans ces murs. Chaque fois, en effet, qu'une atteinte nouvelle a été portée à quelqu'une de nos libertés religieuses — et l'occasion ne nous a pas manqué dans ces dernières années *(rires)*, — nous vous avons convoqués dans cette enceinte, devenue comme le forum de nos revendications et de nos franchises. Vous y êtes toujours venus nombreux, prêts à faire entendre vos protestations et vos plaintes. Mais à coup sûr, jamais jusqu'à ce jour, cette vaste salle ne nous avait offert l'admirable coup d'œil qu'elle présente à cette heure. C'est à peine, vous le voyez, si, malgré ses proportions d'habitude inquiétantes, elle suffit à contenir l'auditoire qui s'y presse; et cela quand, il faut en convenir, tout semblait attirer au dehors : et l'éclat d'un beau soleil de printemps, et la pompe des réjouissances officielles, et ces bruyants cortèges qui, depuis l'aube, sillonnent les rues de la cité. *(Applaudissements.)*

D'ailleurs ce n'est pas le nombre seul qui a répondu à notre appel. En réalité tout ce que notre région compte de forces vives, d'intérêts matériels ou moraux, d'autorités et d'influences, a ici ses représentants et ses interprètes : tiers état, noblesse et clergé, classe dirigeante et classe dirigée, politiques et agriculteurs, financiers et négociants, jurisconsultes et industriels, tous ont voulu prendre part à ce mouvement et nous donner cet admirable spectacle de tous les rangs et de toutes les conditions se confondant librement, sous l'œil de Dieu et l'inspiration de leur conscience, dans une même pensée de patriotisme et de concorde.

Ah ! si nos adversaires pouvaient le contempler, ils verraient quel souffle ardent et généreux passe sur cette assemblée, quelle sincérité y préside, et comment, en fait de privilèges, chacun ici n'en ambitionne qu'un seul : celui d'être le premier au service de la liberté et du pays. Oui, la liberté et le pays, d'autres peuvent les servir plus bruyamment ; je ne reconnais à personne le droit de dire qu'il s'y consacre avec plus de générosité et de désintéressement. *(Très bien ! Applaudissements.)*

Et puis, comme il y a cent ans, ce sont nos trois provinces qui sont venues rajeunir dans la solennité de cette réunion leur antique alliance. Grâce à sa situation, à son passé, à la bienveillance de tous, Lyon a eu l'honneur d'offrir l'hospitalité et de rester ainsi la capitale de ces nouveaux États. Et tandis que le Beaujolais nous envoyait, de ses coteaux si cruellement frappés, ses légions pressées, le Forez nous montrait, avant-hier et aujourd'hui encore, que, s'il sait inspirer les poètes, il sait avec un égal succès faire parler les orateurs. *(Vifs applaudissements.)*

Voilà enfin qu'à côté des trois ordres traditionnels, vous venez, Mesdames, en constituer un quatrième dont nous saluons avec une joie respectueuse le salutaire avènement. *(Applaudissements.)* La courtoisie de nos pères, toujours si raffinée et si jalouse, n'avait pas songé à vous faire une place dans ces assemblées : il leur semblait en effet que le foyer et les salons, avec leur atmosphère de délicatesse et d'affection, convenaient mieux à votre empire que l'agitation des luttes politiques et les passions du forum. Mais aujourd'hui que la famille et le berceau sont menacés, qu'on nous dispute jusqu'à la liberté d'élever nos enfants comme il nous convient, il vous appartient de les défendre : car Dieu vous en a constituées les premières et les meilleures gardiennes. *(Applaudissements prolongés.)*

Nous pouvons donc dire avec vérité, en jetant les yeux sur ce grand auditoire, que ce qu'avait fait, il y a cent ans, l'autorité royale, l'initiative privée le renouvelle à cette heure, et que, si cette assemblée n'a pas le caractère officiel de nos vieux états provinciaux, elle est, à n'en pas douter, la représentation sincère de tout ce que notre région compte de forces, de traditions et d'intérêts, et que c'est vraiment l'âme de nos provinces qui l'anime. *(Applaudissements.)*

Que ne pouvons-nous lui conférer, comme à ses devancières, au moins pour un instant, le droit de légiférer? Je n'ai pas la prétention de dire que son œuvre serait parfaite; mais ce que je sais bien, c'est qu'elle ne s'inspirerait dans ses résolutions que d'un ardent amour de la justice et de la liberté; c'est que, sans rien sacrifier de ce que le passé avait de respectable, elle saurait pourvoir à toutes les nécessités du présent, c'est qu'enfin, sérieusement représentative, elle ne s'épuiserait pas dans les stériles discussions d'un parlementarisme bavard et s'occuperait moins de bien dire que de bien faire.

Au demeurant, vous avez entendu le rapport si substantiel et si élevé de mon excellent ami M. Gabriel Perrin : c'est un abrégé de nos doléances et de nos vœux ; c'est en même temps une déclaration et un programme. Eh bien! je le demande au libéral le plus avisé, je le demande au libre-penseur le plus endurci, si demain ce programme devenait une réalité, quelqu'un pourrait-il s'en plaindre? La conscience serait-elle moins à l'aise, le devoir moins protégé, la liberté plus étroite ? En fait de libertés je n'en vois que deux pour lesquelles il n'y aurait plus de place : celles de l'injure et de la persécution. Je ne sais trop qui songerait à s'en plaindre. *(Vifs applaudissements.)*

Du moins si nous ne pouvons faire les lois, il nous reste le droit de les préparer *(rires)*, en y acheminant l'opinion. C'est le but de ces réunions.

L'entreprise, je le sais, pouvait paraître hardie; parlons franchement, elle était téméraire. Nous vivons dans des temps si troublés ! Il y fallait tant de luttes et d'efforts ! Tant d'autres intérêts d'ailleurs éminemment respectables se partagent à cette heure l'opinion. Réussirions-nous à éveiller un écho? Et puis avec notre tempérament officiel, avec nos habitudes d'administration et de gouvernement, une pareille invitation ne se heurterait-elle pas à l'indifférence et à l'inattention? C'était un double écueil. Ajoutez à cela que dans une année comme la nôtre, à la veille de la campagne électorale, beaucoup pouvaient trouver la chose inopportune; et puis, à tout prendre, on pourrait peut-être nous accuser de quelque noir complot et nous renvoyer à la haute cour de justice. *(Rires.)*

A la vérité les obstacles n'ont pas manqué du côté des ennemis, et — pourquoi ne pas le dire — aussi, comme il arrive toujours, du côté des amis. Grâce à la ténacité des organisateurs et à la protection de la Providence, ils ont été surmontés. Nous n'avons reçu ni lettres de cachet ni cédules. *(Rires.)*

Sérieusement préparés par de longs mois d'études, les travaux de l'Assemblée, malgré leur multiplicité et leur nombre, se sont complétés dans d'utiles discussions dont un compte rendu fidèle gardera les traces. Enfin vous venez leur donner dans l'éclat de cette solennité la double consécration de votre présence et de votre nombre. Une fois de plus il aura été ainsi démontré que vouloir c'est pouvoir, et que, pour qui porte au cœur l'amour de son pays avec la foi en Dieu, il n'est rien d'impossible. *(Applaudissements.)*

Aussi bien, ce n'est point là un mouvement isolé. Ce que nous faisons ici, d'un bout de la France à l'autre on le fait, ou on s'apprête à le faire. Il y a un mois, c'était à Romans, dans cette mémorable assemblée dont le souvenir est présent à toutes vos mémoires; hier à Montpellier et à Poitiers; ce sera demain à Dijon et à Tours. Bref il n'est pas une de nos provinces qui n'ait eu bientôt ses assises et n'ait fait entendre sa voix.

Oh! je le sais. beaucoup de gens, et de la meilleure foi du monde, se demandent à quoi tout cela peut servir? « Quand vous aurez bien travaillé, nous dit-on, bien discuté et bien voté, y aura-t-il quelque chose de changé autour de nous? Les impôts seront-ils moins lourds, la politique moins agressive, le commerce plus prospère? Il y aura quelques discours de plus; y aura-t-il des abus de moins? »

Non, Messieurs, nous ne changerons pas ainsi le monde en quelques heures : aujourd'hui sera, selon toute vraisemblance, ce qu'était hier; mais c'est demain que nous préparons, c'est pour lui que nous travaillons et que, d'une main confiante, nous semons dans le sillon du présent. *(Applaudissements prolongés.)*

Et puis, à la légende révolutionnaire qui passe il fallait opposer les leçons de la justice et de l'histoire. Depuis deux ans, on nous assourdit des gloires de la Révolution, et de son centenaire, sans oser dire d'ailleurs ce qu'on entend fêter des réformes du début ou des violences du déclin; il semblerait vraiment que le monde soit né avec la fin du dernier siècle. Contre ces falsifications audacieuses, il fallait élever les protestations du patriotisme et de la vérité; contre ces blasphèmes, le cri de la conscience et du cœur. Et puisque dans le délire de l'apothéose on est allé jusqu'à dresser des statues aux bourreaux, il fallait que nous en élevions aux victimes. *(Salve d'applaudissements.)*

A un autre point de vue, il convenait, une bonne fois pour toutes, de mesurer le chemin parcouru et de voir ce que cent ans de Révolution ont pu faire d'un pays comme le nôtre. On avait annoncé à grand fracas qu'elle ouvrirait l'ère de la pacification et du progrès, qu'elle ramènerait l'âge d'or sur les ruines des abus à jamais disparus; à un siècle de distance, le moment était venu de constater ce qu'elle avait tenu de ces promesses et de ces espérances. Aux peuples comme aux individus, en effet, il faut de ces haltes passagères dans lesquelles on s'examine et on dresse le bilan du passé. *(Très bien!)*

Il eût appartenu à nos gouvernants de provoquer ce travail et d'instituer cette enquête. La politique ne leur en a pas laissé le loisir; peut-être aussi n'avaient-ils pas à s'en promettre un bien grand succès. Quoi qu'il en soit, ce qu'ils n'ont point cru devoir faire, il était bon que l'initiative privée l'accomplît, et, à dire vrai, l'histoire n'aura, je crois, rien à perdre à cette substitution. A cet égard encore de pareilles réunions étaient utiles.

Enfin ce n'est pas en vain que, pendant une année, des hommes auxquels ne manquent ni le talent ni l'intelligence s'appliquent à l'étude des problèmes sociaux et à l'amélioration du présent; ce n'est point en vain qu'ils mettent en commun leur bonne volonté et leurs efforts. Combien faudra-t-il de temps pour que le succès y réponde? Quand luira l'heure de la moisson? C'est le secret de Dieu; mais ce que j'affirme c'est qu'un jour viendra où ces germes porteront leurs fleurs, où ces idées provoqueront un courant salutaire et finiront par s'imposer au monde. Les idées, ah! c'est, quoi qu'on en ait dit, la grande force d'ici-bas. Les faits frappent davantage et plus vite : mais ils passent, les idées restent ; les faits sont contingents, les idées éternelles ; les faits sont des résultats, c'est dans les idées qu'il faut aller en rechercher les causes. Elles restent parfois longtemps improductives et comme endormies ; mais un jour surgit, quand il plaît à Dieu, où, pareilles à la fleur, elles brisent leur enveloppe et portent leurs fruits. *(Applaudissements prolongés.)* Rien ne les peut arrêter : c'est un éclair qui brille, c'est un torrent qui passe, c'est une force qui brise.

Si l'idée est bonne, tant mieux, c'est la moisson qui se prépare, c'est la vie qui s'éveille, c'est le soleil qui vivifie et féconde. *(Applaudissements.)* Mais si, par contre, elle est malsaine, oh! alors, craignez : car toujours le mal accompagne l'erreur, et c'est par des catastrophes sociales que de tout temps les blasphèmes s'expient.

Tenez, si vous voulez savoir ce que vaut une idée, ouvrez l'histoire. Voyez cet homme: Dieu lui a donné la force, la fortune, le nom, tout ce qu'on envie ici-bas, mais l'idée n'a pas mis l'auréole à son front ; il brillera un instant, il ne laissera rien derrière lui. Au contraire, en voici une autre ; il est d'extraction commune, de condition modeste, il n'a ni l'or ni la splendeur, mais il personnifie une pensée, il l'incarne, l'idée l'a sacré. Je ne sais pas ce qu'il sera, prophète ou dictateur; ce qui est certain, c'est que la puissance est à lui et qu'il a pour lui l'avenir. *(Très bien! Applaudissements.)*

Donc, Messieurs, l'œuvre était difficile, mais elle sera utile; aussi, avant de nous séparer, devons-nous payer à ses intrépides initiateurs un tribut mérité de gratitude et de reconnaissance. *(Applaudissements.)* Ils sont trop nombreux et en même temps trop modestes pour que je puisse les nommer tous ; mais il en est un que, malgré lui, je ne puis passer sous silence : je veux parler de notre cher secrétaire général, M. le baron Maupetit. S'il avait la parole, il essayerait sans doute de vous démontrer qu'il n'est pour rien dans le succès de cette entreprise. Pour nous qui l'avons vu à l'œuvre, nous pouvons proclamer que, après Dieu sans lequel rien de durable ne se fait ici-bas, c'est à son dévouement et à son infatigable persévérance qu'en revient l'honneur. *(Applaudissements)*. Il a trouvé dans le succès de son œuvre une première récompense ; notre gratitude lui en devait une seconde ; qu'il en reçoive ici l'affectueuse et publique expression. *(Applaudissements.)*

Des remerciements, nous en devons ensuite à ces hommes d'intelligence et de cœur qui, du sanctuaire, de la finance, de l'Industrie, du barreau, du commerce, de l'agriculture, sont venus nous apporter le concours de leur autorité et de leur expérience. Grâce à eux, il s'est accompli dans les journées qui viennent de s'écouler d'importants et utiles travaux. Tout cela est resté silencieux et modeste, tout cela demeurera ; et quand, dans un siècle d'ici, nos descendants à leur tour célèbreront notre centenaire, ils trouveront, soyons-en sûrs, dans les archives de cette Assemblée, des documents précieux et des indications fécondes. Oui, lorsqu'alors on saura par nos procès-verbaux ce qui a été fait le 5 mai 1889, si ce que nous avons préparé et souhaité n'est pas devenu la réalité, du moins on se dira que ce n'est pas parce que les cœurs chrétiens ont manqué à la tâche, ni parce que le patriotisme y avait éteint sa flamme. Notre honneur sera vengé si nos vœux ne sont pas comblés. *(Bravos et applaudissements prolongés.)*

Enfin, Messieurs, vous ne me pardonneriez pas d'oublier, dans cette énumération, l'homme de talent, de caractère et de bien, qui a daigné, en acceptant la présidence de nos travaux, nous apporter l'éclat de sa situation, de ses alliances et de son nom. *(Vifs applaudissements.)* En même temps qu'il nous charmait par l'élégance et l'élévation de sa remarquable parole, il nous a montré que le cœur était plus fort que la fatigue et pouvait donner une voix à des lèvres muettes. *(Applaudissements.)* Il me permettra de lui répéter les paroles qu'il y a cent ans, aux applaudissements unanimes des délégués réunis, M. de Troncy adressait à son arrière-grand-père : « Le troisième ordre, disait M. de Troncy, infiniment sensible aux peines et soins que vous vous êtes donnés, me charge de vous offrir l'hommage de sa vénération, et vous prie de permettre que l'expression des sentiments qu'il vous a voués soit consignée à la suite du procès-verbal. »

Ce qui, il y a un siècle, était vrai de l'aïeul le devient aujourd'hui de son descendant. Qu'aujourd'hui comme alors il agrée l'hommage de notre respectueuse gratitude et de notre profond dévouement.

A tous ces remerciements il faut, pour être complet, que j'ajoute un regret celui d'être obligé de parler quand il m'eût été si agréable de continuer à entendre. C'est sans doute un grand honneur, que d'avoir à prendre la parole devant un tel auditoire ; mais c'est aussi un grand péril. Que dire, en effet, qui soit à la hauteur de votre attente ? Qu'ajouter, qui n'ait été déjà dit, et excellemment dit ? D'ailleurs ce ne sont pas des discours qu'il nous faudrait à cette heure, ce sont des actes. Une chose du moins me rassure : c'est la pensée de votre bienveillance, et à mon tour, au début de ce discours, je vous redirai ce qu'en 1787 disait, aux États provinciaux du Lyonnais, l'illustre Monseigneur de Montazet : « Je sens qu'une assemblée, composée de ce que ces trois provinces ont de plus distingué dans tous les genres de mérites, serait autorisée à exiger de moi plus de talents et des connaissances que je ne puis lui offrir ; mais je vous prie de considérer que j'ai le premier reconnu mon insuffisance, que j'ai voulu vous en épargner les inconvénients et que si les sollicitations les plus touchantes ont prévalu sur le sentiment de ma faiblesse et vous acquièrent des droits sur tout ce qui peut me rester de forces et d'ardeur, elles m'ont aussi donné droit à votre indulgence. »

Ceci dit, j'entre très simplement en matière, et puisque c'est le centenaire de 1789 qui nous rassemble, c'est de 1789 que j'essayerai de vous parler. Le sujet est peut-être hardi, mais il était trop en situation et répondait trop bien aux préoccupations et à l'orientation actuelles de vos esprits pour que l'hésitation pût être longue. Je m'en expliquerai franchement et sans détours ; sans passion, mais aussi sans faiblesse.

Et si je n'ai point la prétention de convaincre tous ceux qui me feront l'honneur de m'écouter et de me lire, du moins j'espère réussir à n'en froisser aucun. Car si j'ai des convictions ardentes, Dieu m'a fait la grâce de respecter celles d'autrui à l'égal des miennes. *(Très bien !)*

Tout d'abord je dirai que, pour peu qu'on veuille examiner l'histoire, on constate qu'il y a eu, dans ce que l'on a appelé le mouvement de 1789, deux courants très distincts.

Le premier pacifique, légal, parfois impatient, toujours généreux : celui-là nous le revendiquons et nous demandons à le reprendre en corrigeant ce qui a pu s'y mêler d'excessif.

L'autre violent, révolutionnaire, implacable, qui, commencé sur des ruines, a glissé dans le sang; de celui-là nous ne voulons pas; que dis-je, nous le répudions avec horreur, comme une des hontes de la France. *(Bravos et applaudissements.)*

Donc, à un siècle de distance, nous saluons le 89 des réformes et des évolutions régulières, et si c'est pour lui que, ce matin, le canon a tonné, que les fanfares ont retenti, volontiers nous y mêlons l'écho de nos voix et de nos cœurs. *(Vifs applaudissements.)* Car cette œuvre, elle fut celle de nos pères, et c'était une œuvre saine et patriotique.

Oui, c'était une belle journée que celle qui, à pareille heure, réunissait, il y a cent ans, au palais de Versailles, sous la présidence du roi, les États généraux du royaume. Depuis deux siècles, la France les appelait de ses vœux; car, depuis ce temps-là, elle n'avait jamais pu se trouver face à face avec son souverain. La gloire du grand siècle avait bien pu un instant en effacer le souvenir; mais avec la frivolité de Louis XV et le règne des intendants, il s'était ranimé plus puissant que jamais, et de toutes parts s'étaient élevées vers le trône des supplications dont le respect n'excluait pas l'énergie : c'était un cri prolongé en faveur du retour aux libertés provinciales. Aussi lorsqu'on apprit que Louis XVI, cédant enfin aux vœux de son peuple, convoquait les trois ordres dans sa capitale, ce fut partout une explosion de reconnaissance : on le proclama le « restaurateur des libertés françaises », et certes rien ne pouvait faire prévoir alors qu'il en serait récompensé par le plus monstrueux des attentats.

Important par lui-même, cet événement était d'ailleurs absolument régulier, *constitutionnel* comme on dirait aujourd'hui. Avant qu'il se soit écoulé une année, la scène aura changé; ce seront les discussions violentes, la salle des délibérations envahie par des bandes avinées, la tribune sous la pression de la rue, en attendant que la pique révolutionnaire y projette son ombre sanglante. *(Sensation.)* Mais au 5 mai, je l'ai dit, tout était pacifique et légal; si la réunion des États avait été longtemps sollicitée et longtemps attendue, c'est sur l'ordre du roi qu'ils s'étaient assemblés; les représentants avaient été librement élus par leurs collègues; chaque généralité avait formulé ses doléances et ses vœux, et telle était la sincérité qui présidait à ce mouvement, que, quelques jours avant les élections, rappelle M. de Poncins dans son beau livre sur les cahiers de 1789, l'intendant de Lyon, Terray, adressait à ses subdélégués « une circulaire pour leur recommander de laisser la plus grande liberté y présider, et qu'il sollicitait même du ministre à plusieurs reprises un congé qui lui permît de quitter Lyon au moment de l'élection, afin de ne pouvoir paraître l'influencer [1]. » *(Applaudissements.)* La liberté

<hr>

[1] De Poncins, *Les Cahiers de 89*, p. 20.

pouvait donc à tous égards se réjouir, et elle aussi pouvait chanter un hymne à
l'espérance, comme nos pères en avaient brodé le symbole dans ces merveilleuses
dentelles de pierre dont on vous parlait tout à l'heure. L'espérance, elle rayonnait
de toutes parts et faisait palpiter tous les cœurs.

Est-ce à dire que tout fût également pur dans ces élans, qu'il ne s'y mêlait
pas bien des illusions et bien des erreurs ? Aujourd'hui surtout, il ne serait plus
permis de le croire. Depuis un demi-siècle, le philosophisme avait étendu ses
ravages ; l'esprit religieux affaibli avait favorisé la licence des mœurs, et on sen-
tait passer dans l'air des souffles d'insubordination et de révolte qui pouvaient à
juste titre inquiéter les esprits clairvoyants. Mais ce que je crois pouvoir dire
cependant, c'est que, à prendre les faits dans leur généralité, le bien à cette heure
l'emportait sur le mal ; c'est que, si on voulait des réformes, on ne voulait pas de
ruines ; c'est que, en voyant entrer dans la salle des États généraux ceux qui
demain devaient être des constituants, on avait le droit de penser qu'ils pouvaient
préparer le salut de la nation, alors que si tôt, hélas ! ils devaient en consommer la
chute. *(Applaudissememts.)*

Sur ce point encore j'ai un mot à ajouter : on a répété cent fois, et tout à l'heure
en venant à cette assemblée, je relisais encore que la journée du 5 mai 1789 avait
marqué, dans notre histoire, l'aurore des grandes *conquêtes*. Vous nous le disiez
vendredi, Monsieur le Président, c'est là tout à la fois une grande injustice et
une grande ignorance. En 1789, en effet, si l'on vit éclore des libertés nouvelles,
elles furent consenties, elles ne furent pas conquises. *(Bravos et applaudissements.)*
Elles n'avaient point d'adversaires : comment eussent-elles fait des vaincus ?

Sans doute il pouvait y avoir des dissidences, et si l'on s'accordait sur le mal,
on discutait encore le remède. Mais nul ne songeait à entraver les réformes dont
la nécessité s'imposait, et ce fut au contraire dans cette voie, entre les trois ordres
et le roi, un véritable assaut de générosité et d'enthousiasme. « Tout ce qu'on peut
attendre, disait Louis XVI à l'ouverture des États, du plus tendre intérêt au bonheur
public, tout ce qu'on peut demander à un souverain, le premier ami de ses peuples,
vous pouvez, vous devez l'espérer de mes sentiments. » — « Si l'amour de l'ordre
et la nécessité assignèrent des rangs qu'il est indispensable de maintenir, ajoutait
après lui M. le garde des sceaux de Lambertin, l'estime et la reconnaissance n'ad-
mettent pas ces distinctions et ne séparent point des professions que la nature
réunit par leurs besoins mutuels. Loin de briser les liens qu'a mis entre eux la
société, il faudrait, s'il était possible, nous en donner de nouveaux ou du moins
resserrer plus étroitement ceux qui devraient nous unir. » Aussi voit-on, à quel-

que temps de là, un jeune gentilhomme porter à la tribune, aux applaudissements enthousiastes de l'assemblée, cette fameuse déclaration qui devait volontairement supprimer les privilèges de la noblesse. Le clergé à son tour rivalise de générosité et offre sa fortune en garantie pour alléger les charges du trésor. De toutes parts on est unanime pour la réparation du passé et la préparation de l'avenir.

J'ai parlé du clergé; je ne m'étonne pas que dans les fêtes de ce jour on lui ait réservé une place officielle. Elle lui était due; car lui aussi, il a pris sa part de cet élan et de ces sacrifices. Dès le dix-septième siècle, Fénelon avait été un des premiers à réclamer le retour aux vieilles libertés; et quand, à la fin du dix-huitième, les provinces rassemblèrent leurs délégués, ce furent encore des évêques qui, dans maintes provinces, présidèrent à leur réunion et dirigèrent leurs délibérations : Monseigneur Lefranc de Pompignan à Romans, Monseigneur de Montazet à Lyon, pour ne parler que de ceux dont s'honore notre région. Ah! c'est que, dans le cœur du prêtre, l'amour de Dieu n'a jamais éteint l'amour de la patrie; c'est que, si l'État n'a pas de serviteur plus indépendant, il n'en a pas non plus de plus fidèle et de plus inébranlablement dévoué. On peut le frapper, l'accabler d'ingratitude et d'injustice; il n'a que deux vengeances : la prière qui monte au ciel pour attirer les grâces de Dieu, et la bénédiction qui porte à la terre sa fécondité et sa semence. *(Vifs applaudissements.)* Notre clergé français en particulier a trop souvent écrit son héroïsme dans les pages de notre histoire pour qu'il soit nécessaire d'insister plus longtemps. *(Applaudissements prolongés.)* Donc, comme l'écrivait un jour, dans son royal langage, M. le comte de Chambord, le mouvement de réformes qui marqua le début de 1789 n'a rien qui nous effraie : il n'était pas seulement utile, il était nécessaire, et la mémorable procession du 5 mai, avec nos adversaires, nous sommes prêts à la reprendre quand ils le voudront; mais nous la referons comme nos pères, la croix en tête, non certes pour rappeler le souvenir imaginaire de je ne sais quels abus pour jamais évanouis, mais parce que Dieu est le fondement des sociétés, que seul il peut leur garder la paix, et que là, où on n'a pas fait sa place, la prospérité et la stabilité ont bientôt perdu la leur. *(Applaudissements.)*

Mais, si le mouvement réformateur de 1789 n'a rien qui nous effraie, je n'en saurais dire autant de la Révolution qui l'a rapidement suivi, et bientôt, hélas! il faut le dire, totalement absorbé.

Reportons-nous, en effet, à quelques mois plus avant. Ce n'est plus le grand mouvement pacifique de réformes que nous venons de saluer; avec la chute de la Bastille et la Déclaration des droits, c'est déjà le grondement de la tempête qui s'approche ; ce n'est plus le soleil qui brille, c'est le nuage qui passe ; c'est la Révolution, au sens sinistre du mot. Or il n'y a pas à s'y tromper : la Révolution, c'est elle qu'aujourd'hui on veut avant tout célébrer ; ce sont ses doctrines, ses hommes, ses œuvres, que l'on propose à notre admiration. Voyez plutôt ; quand on dresse des statues, ce n'est point au roi martyr, ce n'est même ni à Mounier ni à Barnave ; c'est à Voltaire et à Danton. Voltaire, ce Français qui n'a trouvé pour la vierge de Domrémy que des injures et des sarcasmes, pendant qu'aplati devant Frédéric de Prusse il chantait ses victoires et lui donnait quittance des bastonnades qu'il en avait reçues. Danton, l'homme sinistre qui créa le tribunal révolutionnaire et dont l'âme semble n'avoir eu de place que pour la lâcheté et pour la barbarie.

De ces anniversaires et de ces hommes, je l'ai dit et je le répète, nous ne voulons à aucun prix, et si 89 peut provoquer nos sympathies, les jours qui l'ont suivi n'excitent que nos indignations et notre dégoût.

Puisque j'ai parlé de la Révolution, je voudrais, Messieurs, en dissiper une bonne fois la légende devant vous, et résumer ce qu'à mon sens, sans rien exagérer, mais aussi sans rien affaiblir, il convient d'en penser et d'en dire. Ce sera l'objet de ce qui me reste à dire.

Tout d'abord la Révolution est un *fait* : c'est elle qui, pour parler le langage de nos adversaires, a substitué un régime nouveau à l'ancien. Or, à ce premier point de vue, je dis sans hésiter qu'elle a été, au premier chef, antinationale et antifrançaise. Je m'explique.

Sans doute il y avait, au siècle dernier, de nombreuses réformes à accomplir. Pour en donner quelques exemples, la désorganisation des finances et les charges du trésor, aggravées par la guerre de l'indépendance et de récentes disettes, appelaient une direction plus économe et plus sage. L'impôt, depuis longtemps soustrait au vote des États, était mal assis et réparti plus mal encore. Les privilèges, qu'avaient justifiés pendant de longs siècles les services rendus, en étaient arrivés à cette période que M. Guizot appelait, avec raison, l'ère des vanités inutiles. Devant l'influence chaque jour grandissante du tiers état il y avait à réorganiser sur des bases nouvelles le principe de sa représentation. L'excès de la centralisation appelait de son côté une détente ; les provinces réclamaient à bon droit, dans l'œuvre désormais inattaquable de l'unité nationale, leur part légitime de franchises et de libertés ; enfin le nom seul des intendants suffisait à discréditer l'autorité royale.

Avec cela la légèreté des mœurs, la frivolité de la cour, le développement de l'esprit philosophique et du voltairianisme, l'affaiblissement de l'idée religieuse qui en était la conséquence, enfin le sentimentalisme excessif qui envahissait tout, étaient autant de symptômes d'une décadence à laquelle il fallait pourvoir. En trois mots : le règne de Louis XIV avait exagéré le pouvoir ; celui de Louis XV avait exagéré le vice ; le règne de Louis XVI devait exagérer la bonté. *(Marques d'approbation.)*

Mais s'il y avait des réformes à faire et beaucoup à supprimer, il y avait aussi, quoi qu'on en dise, beaucoup à conserver. *(Nouvelles marques d'approbation.)*

Je sais qu'il est de mode, pour une certaine école, d'opérer table rase de tout ce qui existait avant 1789 et de faire, ainsi que je le disais tout à l'heure, commencer à ce millésime légendaire notre histoire nationale, comme si, pendant dix-huit siècles, notre pays avait vécu sans grandeur et sans gloire, sous la servitude et la honte. Dans son *Manuel civique*, M. Paul Bert a traduit cette légende par deux gravures que je revoyais il n'y a pas encore deux heures. La première a pour titre : *Le paysan avant la Révolution ;* c'est une chaumière perdue dans des champs incultes, que domine dans le lointain un sombre donjon, et que recouvre, sous une lueur blafarde, une épaisse couche de neige, image de l'hiver. *Avec la Révolution* tout s'éclaire et s'échauffe : c'est le printemps. De fraîches demeures ont remplacé le chaume enfumé ; le long des routes bien alignées fleurissent des buissons verdoyants ; sur les bras des femmes endimanchées sourient de gracieux bébés — les citoyens de l'avenir ; — le soleil étincelle ; enfin il n'est pas jusqu'à un élégant clocher qui ne vienne témoigner — un peu dans le lointain, il est vrai — que, si 1789 a abattu les bastilles, c'est lui qui a relevé les églises. C'est l'âge d'or après l'âge de pierre ; ce serait le paradis terrestre si ce souvenir biblique n'avait une allure trop cléricale en un pareil milieu.

On est tenté d'en rire. J'en rirais aussi et de bon cœur, tant c'est puéril, si ces mensonges en images n'étaient destinés à pervertir de jeunes intelligences, incapables de se défendre contre ces insidieuses surprises de la passion et de la haine. Ah ! qu'on s'adresse à des hommes mûrs, pour leur faire partager ses préjugés et ses antipathies, c'est déjà trop ; car la plupart du temps ils sont, eux aussi, hors d'état de contrôler ce qu'on leur enseigne. Mais qu'on vienne ainsi, sur le seuil du foyer, empoisonner et tromper des enfants dont les plus âgés n'ont pas quinze ans ; qu'on viole ouvertement ce minimum de garanties qu'on était convenu d'appeler la neutralité de l'école, c'est ce que je ne puis admettre ; je dirai plus, c'est ce que je ne puis pardonner ; car c'est jeter de propos délibéré au sein de notre société déjà si divisée des ferments nouveaux d'antagonisme et .de discorde. *(Applaudisse-ments).*

D'ailleurs ce n'est pas seulement un sacrilège. C'est un mensonge aussi ; car, comme je le disais tout à l'heure, s'il s'était glissé de nombreux abus dans l'organisation politique et sociale de la France, à l'époque dont je parle, il restait encore bien des grandeurs, et par delà ce présent qu'assombrissaient tant de taches, nos pères avaient écrit un passé dont nous avons le droit d'être fiers. Ah oui ! si, à la fin du siècle dernier, notre pays était incontestablement le premier du monde, c'est qu'il avait derrière lui quatorze siècles de luttes, de travail et de foi ; toute une lignée de grandes intelligences et de nobles caractères ; c'est que, pendant quatorze cents ans son âme avait passé par des poitrines de héros et de saints. N'était-ce pas un grand siècle que celui qui, avec saint Louis, vit passer les croisades, les cathédrales s'élever, les universités fleurir, saint Thomas enseigner le monde ? Et après le treizième, le dix-septième ne fait-il pas aussi une belle figure dans l'histoire ? Encore une fois, jusque dans cette splendeur, il y avait des nuages et des taches ; la centralisation avait été poussée jusqu'à l'excès ; l'autorité tendait à s'absorber dans un seul. Mais à côté de cela quelle majesté et quelle gloire ! Quelle incomparable pléiade d'orateurs, de poètes, d'écrivains, d'artistes de tout âge et de tout genre ! Ils s'appelaient Bossuet, Fénelon, Corneille, Racine ; Madame de Sévigné vous y représentait, Mesdames, et quant à l'épée de la France, ceux qui la portaient se nommaient Condé, Turenne, Luxembourg, le tapissier de Notre-Dame. *(Vifs applaudissements).*

Quelle noble et splendide lignée aussi que celle de ces rois qui, quatorze siècles durant, firent resplendir le trône de France et groupèrent autour d'eux tant de talents illustres et d'incomparables vertus ! Cherchez dans le monde une monarchie qui égale la nôtre ; les gloires ne lui ont pas plus manqué que les épreuves et on ne saurait dire qui, des unes ou des autres, mit plus d'éclat à sa couronne. Née au sein d'une victoire, dans le baptistère de Reims, elle grandit avec Charlemagne, rayonne avec saint Louis, triomphe avec Louis XIV, tandis qu'Henri IV et Louis XII jettent sur elle les inoubliables reflets de leurs vertus et de leurs bontés, et que ses étendards victorieux portent partout la civilisation et le progrès. Tour à tour elle affranchit les communes, resserre les liens de l'unité nationale, élargit les frontières, crée la fortune publique, jusqu'à ce qu'enfin elle montre sur l'échafaud qu'un roi de France sait avec une égale vaillance et régner et mourir. *(Applaudissements.)*

Notre vieille monarchie française, on n'en saurait parler sans que l'admiration

monte au cœur, et je comprends qu'un jour, en la contemplant, Victor Hugo ait
écrit ces beaux vers :

> Si j'étais Dieu le père, et si j'avais deux fils,
> Je ferais l'aîné Dieu, le second roi de France.

(Salve d'applaudissements.)

Nous n'avons donc rien à sacrifier des quatorze siècles qui précédèrent le nôtre ;
s'ils eurent leurs faiblesses et leurs erreurs, ils eurent aussi leurs grandeurs et leurs
gloires, et ce serait un crime que de laisser perdre un atome de ce patrimoine
national.

Mais revenons plus immédiatement à ce qu'était la France à la fin du siècle
dernier.

On parle beaucoup de nos jours des progrès de l'enseignement ; pour un peu
on dirait que c'est nous qui avons créé les premières écoles. Or, ouvrez les nombreux travaux qui ont été, dans ces derniers temps, publiés à ce sujet, vous y
verrez qu'au dix-huitième siècle l'instruction publique n'était pas moins développée
que de nos jours. Avec l'institut du saint abbé de la Salle, en effet, les écoles
s'étaient multipliées dans les campagnes, au point qu'il en était peu qui n'en fussent
pourvues. « Aussi, écrit M. L. de Lavergne, quand on compulse les originaux des
cahiers rédigés dans les paroisses en 1789, on est surpris de la quantité des signa-
tures » qu'on y rencontre. De leur côté les collèges comptaient des élèves par
milliers. L'enseignement supérieur lui-même trouvait, dans les universités que lui
avait léguées le passé, des foyers justement estimés d'érudition et de science. La
vérité, c'est que c'est la Révolution qui, en fermant les cloîtres et en proscrivant
les religieux, a brusquement abaissé le niveau de l'instruction et produit ce que
l'on a justement appelé « l'interrègne de l'enseignement public en France ».

Parlerai-je de la propriété ? C'est un axiome reçu chez nos adversaires que c'est
la Révolution qui a créé chez nous la petite propriété, qu'avant elle la terre se
trouvait concentrée entre les mains de quelques grands tenanciers et que le
paysan n'était guère qu'un serf écrasé par un seigneur sans entrailles, taillable et
corvéable à merci. C'est à peine — à en croire les manuels dont je parlais tout à
l'heure — s'il était jugé digne de partager avec ses troupeaux le foin de ses
étables. Or la statistique la plus autorisée nous apprend qu'au dix-huitième siècle,
un cinquième du sol — Yung dit la moitié — appartenait en propre aux paysans,
et le savant voyageur ajoute même que c'est à cet extrême morcellement qu'il
faut, suivant lui, pour partie au moins, attribuer l'état arriéré de la culture.

Le paysan n'avait pas seulement sa part de propriété ; il participait aussi dans une large mesure aux affaires publiques. C'est ainsi qu'aux États généraux on en vit figurer un bon nombre à côté des délégués les plus illustres du clergé et de la noblesse. « A la procession du 5 mai 1789, disent les historiens, on remarqua notamment des *laboureurs* bas-bretons du diocèse de Vannes, qui avaient conservé leur veste et leur culotte de bure. » Et si l'on parcourt les récents travaux historiques de M. Siméon Luce et de M. Babeau, on est étonné de voir quelle aisance et souvent quel bien-être régnaient à cette époque jusqu'au sein des campagnes les plus reculées. « L'argent, dit l'un d'eux, entrait pour une large part dans la vaisselle des habitants des campagnes. » — « Les villages, ajoute l'autre, sont peuplés de paysans forts et joyeux, vêtus de bons habits et de linge propre. » Cela ne ressemble guère, vous le voyez, aux sombres tableaux, auxquels nous ont habitués les mensonges de l'ignorance ou de la passion. Sur ces indications beaucoup de nos cultivateurs échangeraient leur propriété d'aujourd'hui contre ce qu'on appelle la misère de ces âges de barbarie.

Les impôts, on les trouvait excessifs et de toutes parts on en demandait l'allègement ; on avait raison. Mais sait-on quel en était le chiffre ? Pour le Lyonnais, le taux moyen, nous disent les procès-verbaux de l'Assemblée de 1787, était de trente et un francs par tête d'habitant. D'autres ont calculé que pour l'ensemble de la France il s'élevait seulement à vingt-deux francs. Nous en payons cent-vingt aujourd'hui ; nous sommes évidemment en progrès. *(Rires et applaudissements.)*

Le déficit pour l'année 1788, après la guerre de l'indépendance et les disettes, ne dépassait pas cinquante-six millions, là où il atteint depuis quelques années une moyenne annuelle de cinq à six cents millions.

Avec Louis XIV et Louis XV, la législation s'était enrichie de ces immortelles ordonnances auxquelles Colbert, d'Aguesseau et d'autres encore ont attaché leurs noms. « Le commerce intérieur s'était élevé en quinze ans de cinq cents millions à un milliard. Les établissements publics qui nous font le plus d'honneur avaient été fondés, et, pour parler de ce qui flatte le plus l'orgueil du peuple, l'armée et la marine que Louis XV avait laissées dans un si grand désordre avaient été réorganisées [1]. »

J'ajoute que s'il restait encore beaucoup à faire, de toutes parts on rivalisait d'ardeur pour procéder aux réformes : « Le fait qui domine à cette époque, dit encore M. de Lavergne, c'est évidemment dans tous les rangs et à tous les degrés de la

---

[1] L. de Lavergne, *les Assemblées provinciales.*

société française un désir et un effort communs pour faire pénétrer et prévaloir l'équité dans l'état social, la liberté dans le gouvernement.» — « La meilleure partie de la noblesse portait dans ce désintéressement une véritable passion. » Et ailleurs : « Il me paraît démontré que la France a fait plus de progrès pour l'application de ces idées dans les quinze ans écoulés de l'avènement de Louis XVI au mois d'août 1789 que dans les vingt-cinq ans écoulés de 1789 à 1815. »

En effet pour ne parler que du roi, dès le mois d'avril 1787, il avait lui-même donné le signal des économies et opéré dans sa maison d'importantes réductions. « Sa Majesté recommande surtout aux membres de la nouvelle assemblée, faisait-il dire en convoquant l'assemblée provinciale du Berry, le sort du peuple et les intérêts des contribuables. » Enfin le recueil de ses ordonnances est là pour témoigner de la sollicitude avec laquelle il veillait à l'exécution de sa promesse. En 1775 et 1780, la procédure en matière criminelle est améliorée par l'interdiction de violer le secret des lettres et par la suppression de la question. En 1776, il remplace la corvée, pour la construction des ouvrages publics, par une contribution générale en argent. En 1780, il s'occupe de réprimer l'agiotage. En 1787, quatre hôpitaux nouveaux sont élevés dans Paris.

L'ère des améliorations et des réformes était ainsi partout ouverte ; nul doute que, si on lui eût laissé suivre son cours normal et régulier, elle n'eût progressivement donné, sous le contrôle et l'impulsion du pouvoir royal, des résultats sérieux et durables.

La grande faute de la Révolution a été de tout brusquer et de vouloir obtenir de la violence ce qu'avait commencé le libre accord du souverain et de la nation. Là où il fallait corriger, elle détruisit ; où il fallait remplacer, elle supprima ; de la liberté elle fit l'indépendance, la poussant en politique jusqu'à la révolte et en religion jusqu'au blasphème. Bref, on peut le dire, sous le prétexte d'entraîner le mouvement elle le déforma, et en réalité ce qu'on a appelé très improprement la Révolution française n'a été que la plus anti-française et la plus anti-nationale des destructions. *(Bravos et applaudissements.)*

D'un bout du royaume à l'autre les cahiers avaient affirmé l'attachement profond du pays pour sa monarchie et pour son roi : les députés du tiers s'étaient particulièrement distingués dans la manifestation de ces sentiments, et quand, au 5 mai, il avait paru dans la salle des États, Louis XVI avait été l'objet d'acclamations aussi enthousiastes qu'elles étaient spontanées. Quatre ans ne s'étaient pas écoulés que l'infortuné monarque montait sur l'échafaud et que de son prisonnier la Révolution avait fait un martyr.

Les assemblées provinciales ne s'étaient pas montrées moins soucieuses des traditions catholiques, et, tout en respectant la sincérité des dissidents, elles avaient demandé que la religion catholique, apostolique et romaine, gardât dans la nouvelle organisation sociale une place d'honneur : c'était à la fois de la justice et de la reconaissance. La Révolution répondit par un cri de guerre : après l'avoir, par la plume des encyclopédistes, attaquée dans sa morale et dans ses dogmes, après avoir essayé de la déshonorer par la constitution civile du clergé, elle ferma ses temples, décapita ses ministres et poursuivit son culte jusque dans ses plus obscures retraites.

On avait demandé une évolution pacifique et légale ; ce fut une révolution haineuse et sanglante qu'on accomplit.

Aussi, quand les premiers initiateurs du mouvement s'aperçurent des dangers qu'ils avaient involontairement déchaînés sur le pays et voulurent revenir en arrière, il était trop tard : les événements se trouvèrent plus forts que leur volonté. Mirabeau est impuissant à contenir le flot que sa parole a déchaîné. Mounier voit avec stupeur s'accumuler autour de lui des ruines qu'il ne peut conjurer. L'implacable logique de la haine l'emporte sur les efforts de la modération. Après 1789, c'est 1792, puis la date néfaste de 1793. Après le marquis de Launay égorgé sur les ruines de la Bastille, c'est Madame de Lamballe que rien ne peut protéger contre les fureurs de la foule, ni sa jeunesse, ni ses vertus, ni ses infortunes, pas même sa beauté, et dont la figure éteinte, promenée au bout d'une pique sanglante, passe et repasse devant les barreaux du Temple comme une sinistre menace. *(Profonde sensation.)* C'est Madame Élisabeth, puis le roi, et puis ces milliers de captifs qui, pendant de longs mois, de tous les rangs et de toutes les conditions, rougissent de leur sang les degrés de l'échafaud. Robespierre à son tour suit le char de ses victimes ; la guillotine est en permanence ; la loi des suspects tour à tour remplit et vide les cachots ; ce sont les noyades de Nantes, les fusillades des Brotteaux ; c'est Couthon dans le Lyonnais, Javogue dans le Forez ; c'est ce régime odieux dont le nom seul fait frémir et qui s'appelle la Terreur. *(Vive sensation, applaudissements prolongés.)*

Ainsi la nation avait demandé de la liberté, on lui donne du sang ; elle avait demandé de l'égalité, c'est le *niveau* qu'on lui prépare ; il lui fallait du soleil, on lui répond par la plus formidable éclipse que jamais ait connue l'humanité. *(Profonde sensation.)*

Et on voudrait que nous, fils de ces martyrs et de ces proscrits, Français et Chrétiens, nous célébrions de pareils anniversaires ! qu'oubliant les victimes, nous tressions des couronnes aux bourreaux! que, mélant dans un même souvenir les réformes de 1789 et les crimes de 1793, nous les associions dans une sacrilège confusion! Non, non, jamais; notre patriotisme proteste au même titre que notre foi, et devant ces ruines accumulées, ce sang répandu, ces promesses déçues, tout ce que nous pouvons faire, c'est de contenir nos imprécations et de laisser couler nos larmes. *(Émotion prolongée et salve d'applaudissements.)*

Donc envisagée comme un fait, la Révolution n'a été que le contre-pied et l'avortement du mouvement qui avait marqué le début de 1789.

Mais ce n'est pas là son plus grand crime. Non, dussé-je vous étonner, si elle s'était contentée de faire couler du sang; si Robespierre, Marat et Danton n'avaient fait que nous donner des martyrs, tout en les flétrissant, je ne songerais peut-être pas à me plaindre. Le sang en effet, quand il coule pour la justice et pour la vérité, est une semence féconde et du sol qu'il arrose, tôt ou tard, où tombe un martyr fait germer un héros.

Mais la Révolution n'a pas été seulement un crime ; elle est avant tout une *doctrine*, et en ce sens on peut répéter avec M. de Talleyrand que, bien qu'un siècle nous en sépare, « elle dure encore ». C'est ce qui fait sa force, c'est surtout ce qui fait son danger. Les bourreaux, en effet, depuis longtemps sont morts, et en dépit de certaines tentatives de réhabilitation, le mépris public a scellé leurs tombes. Mais leurs doctrines demeurent, et ce que Robespierre ne fait plus, Rousseau et son école le continuent après lui.

Le développement de cette idée suffirait à remplir un discours. Je ne l'entreprendrai pas. Permettez-moi seulement de résumer cette doctrine et, en vous signalant les dogmes principaux de l'école révolutionnaire, de leur opposer nos énergiques protestations.

Jusque-là on avait considéré que les sociétés, comme tout ce qui a ici-bas vie et mouvement, ont en Dieu leur auteur et leur loi; que, si les peuples sont libres de leurs destinées et de leur organisation intérieure, il est au-dessus d'eux des règles supérieures qu'ils ne doivent pas plus violer qu'ils ne peuvent les détruire ; que, pour tout dire, il ne saurait dépendre de l'homme, être raisonnable et libre, mais aussi subordonné et dépendant, d'anéantir l'œuvre du Créateur. On en avait conclu que, si dans chaque État la forme du pouvoir est variable et contingente, le pouvoir lui-même a en Dieu seul son explication et sa source; que les sociétés comme les individus ont envers lui un devoir de prière et de reconnaissance; que si la liberté doit être respectée, elle doit au même titre être protégée contre ses propres entraînements; que ce serait folie de vouloir l'abandonner sans frein à ses fantaisies et à ses caprices. Bien avant l'Église, tout ce que l'antiquité païenne avait compté de philosophes et d'esprits éclairés l'avait à l'envi proclamé : Platon, Cicéron, Plutarque, et tant d'autres. C'est qu'en effet c'est du bon sens avant d'être du dogme; c'est que l'expérience le démontre non moins victorieusement que la raison; c'est que l'histoire de tous les temps en est la plus irréfutable des démonstrations.

Oui, comme ne cesse de le rappeler, après son maître, cette grande et belle école de la paix sociale, le Décalogue et l'Évangile ne sont pas seulement des codes de devoir et de morale; ce sont eux qui font les peuples prospères, et qui, dans la vertu loyalement pratiquée, assurent aux nations l'honneur et la fortune.

La Révolution a bouleversé tout cela. Pour elle tous les hommes naissent libres et égaux : libres, ils ont le droit de penser, de parler, d'agir à leur gré, et toute loi qui les en veut empêcher est une usurpation; égaux, tout privilège est une injustice en même temps qu'une injure. La liberté jusqu'à la licence, l'égalité jusqu'au nivellement, voilà sur ce point le double but à atteindre. *(Approbation.)*

Quant à la société, Dieu n'y a aucune part : elle naquit un jour de l'accord des hommes, qui, las de vivre dans l'isolement et la solitude, résolurent de grouper, pour les multiplier et les défendre, leurs intérêts et leurs forces. L'homme qui l'a créée est, dès lors, maître de la gouverner et de la refaire à son gré.

La souveraineté n'est plus qu'une délégation temporaire et révocable donnée par les sujets au mandataire dont ils font provisoirement leur chef; elle obéit au lieu de commander ; elle exécute des ordres, elle n'en donne pas.

La loi est l'expression de la volonté générale; la justice varie avec les caprices de la majorité qui la crée; tout vient du nombre et y retourne; ce qu'il fait aujourd'hui, il peut le défaire demain, et comme il a la force pour lui, il a aussi l'irresponsabilité et le pouvoir absolu. Quant à l'individu, il n'est plus, dans cet impitoyable engrenage, qu'un atome isolé et perdu; tant pis s'il est le plus petit ou le plus faible :

La raison du plus fort est toujours la meilleure :

il sera écrasé en attendant que, prenant quelque jour sa revanche, il écrase à son tour.

Dieu chassé des sociétés, l'homme prenant sa place et se suffisant à lui seul, l'athéisme social en un mot, telle est au fond la Révolution tout entière; telle est la doctrine que depuis cent ans elle propage avec une infatigable ténacité. *(Très bien ! vifs applaudissements.)*

Le Père Félix avait raison : elle est essentiellement satanique, et son cri de ralliement est encore le *non serviam* de l'ange rebelle, levant contre Dieu l'étendard de l'insurrection et de la révolte.

Chose triste à dire cependant, si monstrueuses qu'elles soient, ces erreurs ont fini par s'infiltrer partout. Elles imprègnent l'opinion et il n'est pas rare d'en retrouver les traces jusque dans les meilleurs esprits. Une bonne fois, il faudrait en finir avec ces contre-sens et ces blasphèmes.

Sans doute l'homme a des droits; qui songerait à le nier? Mais il a avant tout des devoirs, et c'est parce qu'il en a qu'il lui faut le droit inviolable de les remplir, suivant cette belle définition que « le droit bien compris n'est au fond que la liberté du devoir ». Sans doute encore, Dieu l'a couronné de liberté en même temps que d'intelligence; mais de même que son intelligence a des bornes, sa liberté a des limites et elle ne saurait aller jusqu'à empêcher celle de ses semblables de bouleverser l'œuvre du Créateur. ·

J'ai parlé d'autorité. Si c'est au nom de Dieu qu'elle me domine et me dicte des lois, je veux bien m'incliner ; je le puis alors sans m'humilier ni m'amoindrir. Mais pourquoi courberais-je mon front devant un homme qui est après tout mon égal? S'il est la force, je suis le droit; s'il est le nombre, j'ai pour moi l'inviolabilité de ma conscience ; enfin si c'est de moi qu'il tient son pouvoir, c'est à lui de s'incliner et à moi de lui donner mes ordres. Depuis quand est-ce le maître qui obéit et le serviteur qui commande ? *(Applaudissements.)*

Et la liberté, cette liberté tant vantée, on comprend ce qu'elle devient dans la théorie révolutionnaire. Si elle est la plus forte, elle ne connaît pas de frein et va jusqu'à l'oppression et la licence; mais si elle n'a plus la force pour elle, malheur à elle! elle est forcément condamnée à périr sous la dictature de la foule ou le talon d'un César.

La loi n'est plus à son tour qu'un instrument d'oppression et de combat. Fille du nombre, elle en sert tous les caprices et toutes les haines.

Et puis, je vous le demande, que deviennent sans Dieu ces choses que toutes les révolutions n'ont pu faire disparaître du monde et qui s'appellent la souffrance, l'inégalité et le travail? Ah ! si, au delà de ces horizons terrestres, il y a un monde meilleur où la vertu refleurit, où celui qui travaille et qui souffre trouve un jour sa compensation et sa couronne, où les anges comptent nos larmes, et où le bonheur nous attend, je comprends toutes les résignations et tous les sacrifices ; je comprends que le murmure expire sur les lèvres et que le blasphème s'y transforme en prière; je comprends que dans un élan de leur générosité et de leur foi il se trouve des hommes d'élite pour se faire pauvres volontaires et serviteurs.

des pauvres. *(Applaudissements.)* La terre perd son aridité et ses épines quand elle s'échauffe aux sourires du Ciel.

Mais si, déshérité de Dieu, je suis rebuté par les hommes ; si, en dépit de mes efforts et de mon travail, je ne trouve sur ma route que le désespoir et la misère ; s'il me faut souffrir toujours pour m'endormir enseveli dans une nuit sans lendemain et sans étoiles ; oh ! alors, mon cœur se révolte et je me dis que ce monde est mal fait, où toutes les joies sont pour les uns et toutes les douleurs pour les autres. Je maudis l'existence, la société m'apparaît comme une marâtre et il ne me reste plus qu'à choisir entre les deux termes de ce dilemme : ou en finir avec la vie qui n'est qu'un long supplice, ou en finir avec une organisation sociale qui me refuse le bonheur et la joie ; ou le suicide ou le meurtre. C'est ce qu'écrivait un jour Pierre Leroux dans une page immortelle: « Vous avez fermé le Ciel à l'ouvrier, alors ouvrez-lui la terre ; il n'a plus de bonheur à attendre là-haut, donnez-le-lui ici-bas ». *(Applaudissements.)*

« La philosophie révolutionnaire du dix-huitième siècle, ajoute M. de Lavergne, avait eu l'audace de porter la main sur Dieu ; cette tentative impie a eu pour châtiment les expiations révolutionnaires ».

Nous les avons vues passer dans ce siècle ces revanches de la justice divine. En 1848, c'était le partage de la richesse ; en 1871, c'en fut la destruction. Qui nous dit que demain ce ne sera pas une nouvelle catastrophe ? N'entendez-vous pas monter de ces clameurs confuses qui précèdent les grandes tourmentes ? N'entendez-vous pas tous les jours l'appel aux plus violentes passions ? *(Très bien !)*

La logique le veut ainsi : je le disais tout à l'heure : le mal dans les idées amène le mal dans les faits, et quand la révolution entre dans les intelligences, soyez-sûrs qu'elle n'est pas loin de descendre dans la rue et d'y promener la torche ou le poignard. Envisagée comme doctrine, on peut donc dire que la Révolution a empoisonné les esprits et préparé les catastrophes sociales. *(Assentiment.)*

Un mot maintenant de ses *résultats.*

Certes, Messieurs, si j'ai pour le passé d'enthousiastes admirations, j'ai aussi pour mon siècle une affection sincère ; à côté de ses faiblesses et de ses chutes, il a, en effet, ses grandeurs et ses gloires. Jamais peut-être la vérité n'a été servie avec plus de désintéressement et d'ardeur, et pendant que les uns déchaînent contre elle tout ce qu'ils ont de force et de puissance, il en est d'autres qui lui vouent sans compter toute leur âme. Au souffle de l'épreuve les cœurs se sont réveillés, les convictions raffermies et des ruines qui nous entourent s'élèvent de consolants parfums de résurrection et d'espérance.

Mais si, de bonne foi, nous voulons à cette heure établir, l'histoire en main, le bilan de la Révolution dans notre pays, il faut convenir qu'elle a manqué à toutes ses promeses et qu'elle a fait la plus frauduleuse des banqueroutes et la plus audacieuse des faillites. Elle avait tout promis ; elle n'a rien donné ; elle n'a même pas su respecter le concordat amoindri que cependant elle avait signé.

Voyez plutôt.

Dans l'ordre politique il nous aurait fallu de la stabilité ; il en aurait fallu pour pacifier les esprits, désarmer les convoitises et les ambitions, donner aux grandes entreprises la sécurité dont elles ont besoin, rassurer l'étranger ; on nous l'avait promise. En cent ans nous avons eu plus de dix gouvernements : à elle seule la Convention n'a pas voté moins de onze mille deux cents lois et le lendemain n'a rien de plus pressé que de détruire l'œuvre de la veille.

En administration nous n'avons plus les intendants ; mais si les noms sont changés je ne vois pas ce que les choses y ont gagné.

La magistrature était jusque-là demeurée étrangère aux agitations de la politique et trouvait dans son inamovibilité un rempart pour son indépendance. Sous prétexte de la réorganiser, on a essayé de l'asservir. Ah ! sans doute, elle eut souvent à souffrir de l'omnipotence et des colères de nos rois. Mais si plus d'une fois ils lui ont fait prendre le chemin de l'exil, ils n'ont jamais songé, même aux plus mauvais jours, à l'engager sur celui du déshonneur. *(Salve d'applaudissements.)*

L'armée, cette suprême espérance, que de choses il en faudrait dire ! C'est elle qui cache, dans les plis de son drapeau, l'image encore mutilée de la patrie ! Je n'y toucherai pas, même pour la louer. Ah ! si tous avaient imité ma réserve ! *(Rires et applaudissements.)*

Les finances ! Dans cette assemblée du 5 mai 1789, dont nous fêtons le centenaire, voici comment en parlait le directeur général, M. Necker : « Réunissons-nous, Messieurs, pour arranger les choses de telle manière que l'homme le plus ordinaire soit en état, à l'avenir, de gouverner les affaires du trésor royal, et que l'homme le plus habile n'y soit jamais dangereux. » *(Salve d'applaudissements).* Que de chemin à faire pour arriver à ce résultat, ou, si vous voulez, pour le retrouver ! Ce n'est point que les hommes ordinaires aient manqué à la direction ; mais en peut-on dire autant de ces deux choses cependant si nécessaires en pareille matière : l'honnêteté d'une part, et l'équilibre de l'autre.

Parlerai-je de notre situation extérieure ? Pendant de longs siècles, la France a marché à la tête de l'Europe et les peuples s'honoraient de son alliance. Nous en sommes aujourd'hui à solliciter leur appui et personne ne voudrait répondre que, si quelque grand conflit venait à éclater demain, nous soyons sûrs de trouver un allié dans le monde. Je n'insiste pas ; ce serait rouvrir sans profit le chapitre des humiliations nationales.

On vous parlait tout à l'heure de l'agriculture ; elle paie trente-trois pour cent de son revenu en impôts, et succombe sous la double influence des charges qui l'écrasent et des traités qui la ruinent.

La dépopulation suit chaque jour une marche effrayante; nous n'avons plus de berceaux. Les familles découronnées s'appauvrissent tous les jours, les campagnes sont désertes, le déclassement social monte chaque jour.

La probité, l'honnêteté, ces choses si foncièrement françaises, deviennent chaque jour plus rares : l'honnêteté dans l'esprit, l'honnêteté dans le cœur, l'honnêteté... dans les mains. *(Vifs applaudissements.)*

Tout ce qui constitue en un mot les forces vives d'un peuple, l'enthousiasme de ce qui est noble, le culte de ce qui est beau, tout cela s'en va ; on leur préfère la valeur qui se cote à la Bourse ou le succès du boulevard. *(Applaudissements.)*

Voulez-vous maintenant prendre cette fameuse Déclaration des droits qui devait ouvrir à la liberté et au progrès des voies si larges et si nouvelles : les uns après les autres, ses articles sont devenus d'amères ironies, ou d'audacieux mensonges.

Le saltimbanque et le cabotin occupent à loisir la place publique où la foule les contemple ; si à notre tour nous voulons y promener, comme autrefois, notre Dieu au milieu de l'encens et des fleurs, la poésie elle-même est impuissante à nous défendre, et de par la liberté des cultes, le dernier tyranneau de village trouve dans son écharpe le droit de nous le défendre. *(Sourires ironiques et applaudissements.)*

Si le malade, aux approches de la mort, réclame un Christ avec un pardon; si le soldat, au matin de la bataille, demande qu'au moment où il va donner sa vie pour la patrie la main du prêtre lui ouvre les cieux, au nom de la liberté de conscience on éloignera assez l'aumônier pour que sa bénédiction ne tombe plus que sur un cadavre. *(Vifs applaudissements.)*

Si des citoyens qui ne sont ni des incapables ni des indignes veulent se faire oublier et mêler dans la retraite leurs prières et leurs vertus, ils ne trouveront pas dans la liberté de l'association, que cependant on nous avait promise, le moyen de s'y faire respecter ; 1790 avait ouvert les cloîtres, 1880 les a fermés. *(Applaudissements prolongés.)*

Si le père de famille, si le pauvre surtout, qui n'a ni l'argent ni le temps, demande à transmettre à ceux qui sont ici-bas sa richesse et sa joie, qui le continueront un jour, sa croyance et sa foi, on lui ouvre les portes de l'école sans Dieu ; au besoin on le contraint à y emprisonner son fils, et on appelle cela la liberté de l'enseignement !

La liberté d'aller et de venir, elle-même, qu'en a-t-on fait ? On a fermé les portes du pays à ceux dont les ancêtres en avaient fait la splendeur et qui continuent à cette heure à faire son espérance. Sous prétexte d'abolir une bastille, on en a relevé dix. *(Bravos et applaudissements.)* La France si grande, si populaire, si acclamée, voilà ce qu'on en a fait. *(Salve d'applaudissements.)*

On en a fait la France humiliée devant l'étranger, amoindrie dans son territoire, appauvrie dans sa richesse ; une France qui blasphème, quand, dans la prière du premier de ses rois, elle avait trouvé la victoire ; une France qui persécute, quand sa gloire fut toujours de sécher les larmes de ceux qui pleurent et de briser les fers de ceux que l'on voulait asservir. *(Applaudissements prolongés.)*

Ah ! devant ce spectacle, mon patriotisme s'émeut, et quand je pense que c'est la Révolution qui a commis cet impardonnable crime, je ne trouve pour elle dans mon âme de citoyen et de croyant que de l'indignation et de la réprobation. *(Double salve d'applaudissements.)*

Et maintenant, que faut-il conclure, Messieurs ?

Allons-nous nous contenter de gémir sur les ruines et d'attendre dans les larmes qu'un miracle nous sauve ?

Maudirons-nous le présent pour nous réfugier dans une stérile admiration du passé ?

Non, non ; nous avons mieux à faire que de pleurer et de gémir. L'avenir est devant nous ; c'est à nous de le faire meilleur que le présent.

Donc, Messieurs, levons-nous et luttons. Vous me direz que le mal est grand et le combat sans issue. La vérité est que, lorsqu'on lutte avec Dieu et pour Dieu, il n'y a de batailles perdues que celles que l'on veut bien perdre, et qu'il faut avant tout ne pas s'abandonner soi-même. Donc, comme cette vieille chevalerie dont on nous parlait tout à l'heure, debout et en avant ! Debout pour la patrie et pour la foi ; debout pour la justice et pour la liberté ; debout pour relever les ruines du passé et préparer les moissons de l'avenir ! Debout et espérance ! Sous l'étendard du Christ nous retrouverons le chemin de la victoire et, comme on nous le disait aussi, où les pères ont échoué, les fils réussiront. Personne n'a le droit de rester en arrière. *(Applaudissements prolongés et enthousiastes.)*

Jurisconsultes, préparez-nous des lois !

Financiers, rouvrez à la fortune nationale les voies qu'elle a perdues !

Agriculteurs, fécondez vos sillons, et puisque Dieu nous garde son soleil, faites-nous mûrir d'abondantes moissons ! Mais souvenez-vous de ce vers d'un poète païen : c'est parce que nous avons oublié la divinité que nos champs sont incultes : *Quia impii sumus, agri jacent.*

Ne semez pas dans l'incrédulité et le blasphème, si vous voulez récolter dans l'abondance et la richesse. *(Bravos et applaudissements.)*

Soldats, gardez-nous l'image de la patrie ; tressaillez pour elle de nobles enthousiasmes, et dans la discipline de la paix préparez-vous pour le jour où il faudra lutter les héroïsmes du combat.

Prêtres du Christ, à la persécution qui vous frappe, répondez par le pardon et l'oubli ; et si un jour la folie de vos ennemis allait jusqu'à empêcher vos bras de bénir, ah ! ce jour-là, que de vos âmes jaillisse une prière encore plus ardente et plus chaude, une de ces prières qui escaladent le ciel comme sur l'échelle de Jacob et en ramènent les anges. *(Applaudissements prolongés.)*

Chefs de famille, refaites-nous des foyers honorés et féconds.

Vous, commerçants et industriels, traduisez dans des actes ces vœux que vous applaudissiez tout à l'heure. Non, que le travail ne soit plus seulement une de ces marchandises qu'on achète à vil prix et que gouverne seule la loi barbare de l'offre et de la demande. Derrière ces bras qui vous servent et édifient votre fortune, il y a des âmes immortelles et l'image d'un Dieu. Ne l'oubliez jamais. *(Applaudissements prolongés.)*

Vous enfin, jeunes gens, que je vois aujourd'hui nombreux au pied de cette tribune, vous serez aussi des nôtres. Vous êtes à l'heure des passions généreuses et des nobles ardeurs. Souvent vous vous plaignez : vous ne savez où porter l'exubérance de vos enthousiasmes, les élans de votre jeunesse, les ardeurs de vos vingt ans. Où les porter ? Ah! bien des causes sacrées à cette heure les sollicitent et les appellent ; c'est la religion à défendre, c'est la patrie à refaire, c'est votre avenir à préparer dans la lutte du présent ; je vous en conjure, aujourd'hui et demain, soyez des hommes d'honneur, de devoir et de courage. *(Applaudissements prolongés.)*

Rappelez-vous qu'au-dessus du succès qui passe, il y a le droit qui demeure ; et que pour vous aussi il soit vrai de dire que, si la fleur s'effeuille, le fruit ne passera pas. *(Vifs applaudissements.)*

Enfin, Mesdames, je ne saurais vous oublier : c'est par vous que j'ai commencé ; si vous voulez bien me le permettre, je finirai par vous. Oui, Dieu vous a donné, avec la prière qui s'échappe de vos âmes croyantes, deux grandes forces : les larmes et les sourires ; les unes attendrissent, les autres enchantent et désarment. Gardez-nous la fécondité des premières et les charmes des seconds. Quand un berceau éclôt au foyer, c'est à vous que les anges en remettent la garde. Puis quand l'enfant a grandi et que son cœur palpitant de jeunesse tressaille de tous les frémissements de la vie qui s'éveille, c'est vous encore qui, modérant ses impatiences, lui gardez son honneur avec sa vertu, et dans les fleurs de l'adolescence préparez les fruits de la maturité. Refaites-nous des jours meilleurs. *(Salve d'applaudissements.)*

Chaque fois que notre pays a traversé une crise sérieuse, Dieu pour le sauver lui a envoyé une femme chrétienne. *(Bravos et applaudissements.)* Au matin de Tolbiac, c'est une fille de Bourgogne, qui promet le baptême de son royal époux, si Dieu daigne accorder le triomphe à ses armes, et sous les lauriers de sa victoire, Clovis descend fidèle et croyant dans le baptistère de Reims. *(Applaudissements.)* Encore sept années et la France célébrera cet anniversaire national. Nous y serons tous, Messieurs, car ce baptistère fut un berceau et ce baptême un sacre. *(Applaudissements.)* Le jour en effet où, sous la main de saint Remy, Clovis se relevait croyant, la monarchie française et la France chrétienne étaient fondées, et quatorze siècles de gloire venaient répondre aux promesses du Christ qui aime les Francs. *(Bravos et applaudissements.)*

Vers le même temps les hordes d'Attila sèment dans l'Europe l'épouvante et la mort ; les voilà aux portes de Paris. Cette fois c'est une bergère, c'est Geneviève qui arrête le farouche conquérant. La France est sauvée ; la barbarie a reculé devant la faiblesse qui croit et qui prie. *(Applaudissements.)*

Mille ans plus tard, il semble encore que c'en soit fait de notre malheureux pays. L'étranger y campe en maître ; tous les pays situés au nord de la Loire ont cédé devant ses armées et le roi de Bourges n'a plus qu'un fantôme de souveraineté et de couronne. Aux voix de ses saintes, Jeanne d'Arc se lève : la croix d'une main, l'épée de l'autre, elle reforme nos armées, ranime partout l'espérance et la joie, et après Orléans délivré, après la France reconquise, la vieille basilique de Reims voit, au sacre du roi, flotter l'oriflamme de celle qui, ayant été à la peine, méritait si bien d'être à son tour à l'honneur. *(Applaudissements prolongés.)*

Ce qu'ont fait Clotilde, Geneviève et Jeanne d'Arc, avec l'aide de Dieu vous pouvez le refaire, vous le referez, Mesdames. Une nouvelle barbarie nous menace ; une fois de plus vous la forcerez à reculer ; avec la grâce qui charme, vous apporterez la parole qui console, l'espérance qui fortifie. *(Salve d'applaudissements.)*

L'espérance ! Ce sera mon dernier mot. Oui, quand vous me diriez que tout va manquer autour de nous, que le sol tremble sous nos pas et menace de s'entr'ouvrir, que tous les appuis disparaissent, contre toute espérance, j'espérerais encore. Quand le présent deviendrait plus sombre, l'orage plus menaçant et que, dans la nuit plus noire, la dernière étoile serait éteinte, je lèverais encore avec confiance mes regards vers le ciel, et je dirais : « Non, la France, ne périra pas, car il y a dans ses veines trop du sang des martyrs et de l'eau du baptême. »

Vous l'avez dit avant-hier, Monsieur le Président : parce qu'ils ont voulu lutter sans Dieu, nos pères ont échoué ; nous qui croyons en lui, combattons avec lui, nous aurons le succès.

C'est le vœu d'aujourd'hui, Dieu fasse que ce soit la réalité de demain. *(Triple salve d'applaudissements.)*